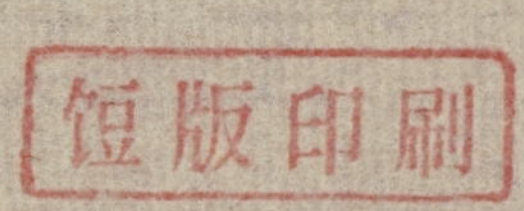
饾版印刷

南湖红船

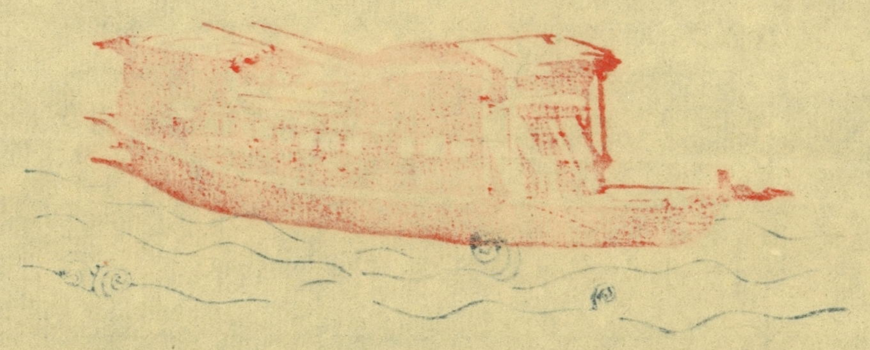

南湖红船

大有書局

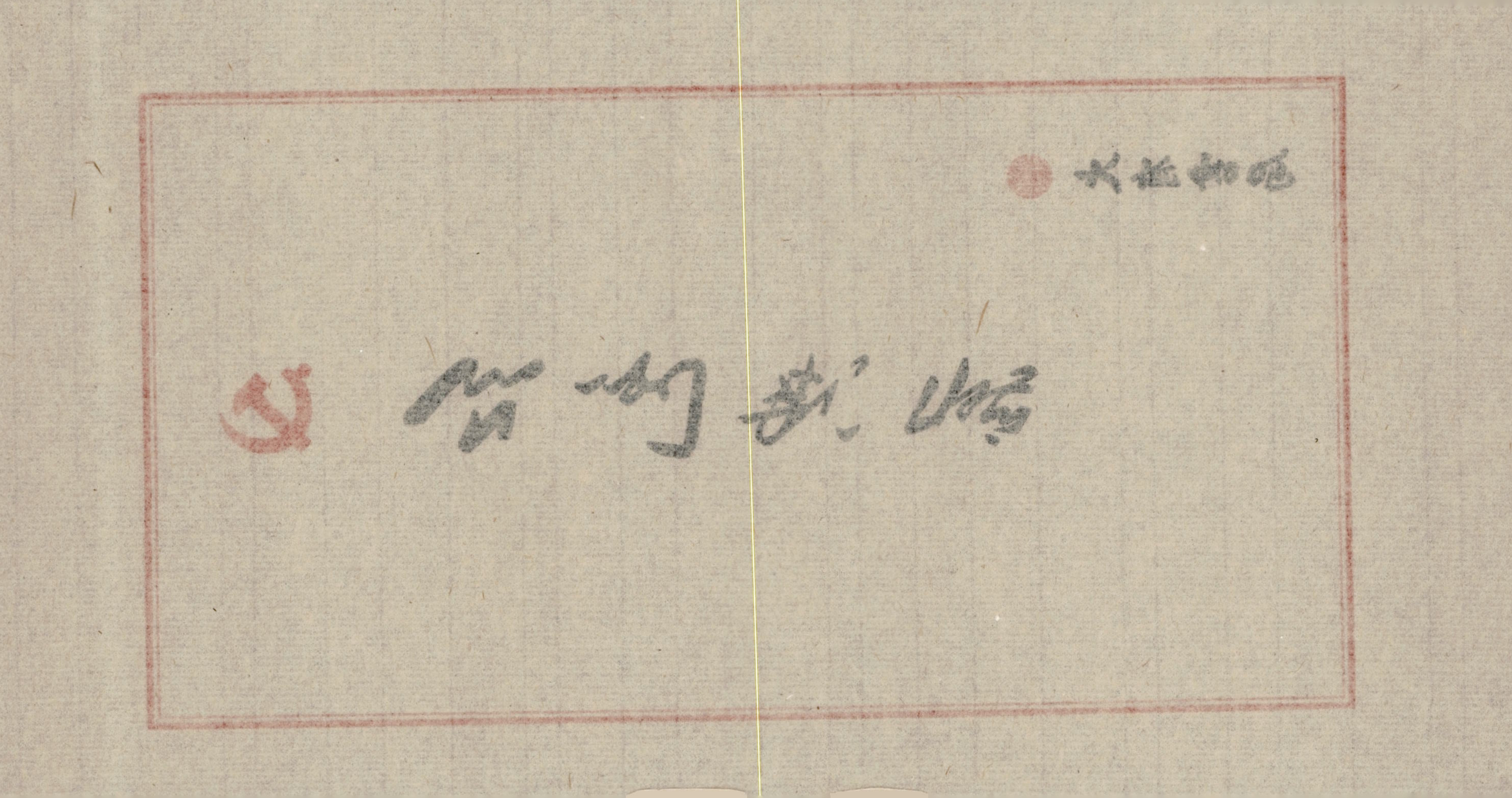

圖書在版編目（CIP）數據

紅色典藏／《紅色典藏》編寫組編．—北京：大有書局，2022.9

ISBN 978-7-80772-093-5

Ⅰ.①紅… Ⅱ.①紅… Ⅲ.①《共産黨宣言》②中國共産黨－黨章 Ⅳ.①A122 ②D219

中國版本圖書館CIP數據核字（2022）第156275號

本書系列文獻由國家圖書館提供。

項目策劃：徐麗玲　王興紅
責任編輯：葉敏娟　王佳偉
責任校對：李盛博
責任印製：袁浩宇

書　　名：紅色典藏
出版發行：大有書局
（北京市海淀區長春橋路6號　100089）
綜 合 辦：（010）68929273
發 行 部：（010）68922366
經　　銷：新華書店
印　　刷：揚州古籍綫裝文化有限公司
版　　次：2022年9月北京第1版
印　　次：2022年9月北京第1次印刷
開　　本：160毫米×270毫米　1/16
印　　張：12.5
字　　數：80千字
定　　價：399.00元

本書如有印裝問題，可聯系調换，聯系電話：（010）68928947

導讀

一百多年來，中國共產黨爲什麼始終如磁石一般吸引人、凝聚人，始終是中國工人階級的先鋒隊，是中國人民和中華民族的先鋒隊，始終保持先進性、純潔性，成爲世界上最大的馬克思主義執政黨？

山雄有脊，房固賴梁。翻開這套紅色典藏，字裏行間有思想的武器、真理的力量，那是中國共產黨理論與信仰之源。

從石庫門到天安門，從小小紅船到巍巍巨輪，從新民主主義革命道路、社會主義革命道路、社會主義建設道路到中國特

會通過了新的黨章，確定毛澤東思想爲全黨的指導思想，這是

一九四五年，延安楊家嶺，中國共產黨第七次全國代表大

偉大旗幟和歷史使命。

黨的誕生。大會通過的中國共產黨第一個綱領，明確了共產黨的

中國共產黨第一次全國代表大會勝利召開，並且宣告中國共產

一九二一年，上海望志路一百〇六號，浙江嘉興南湖紅船，

的航向。

並未推心，最終解決了「從哪裏來」的路綫，確定出「往哪裏去」

結合的偉大創造。這一個個兩年間的節點，涵納了百年風雲變幻，

色社會主義道路，都是馬克思主義基本原理同中國具體實際相

色社會主義道路，都是馬克思主義基本原理同中國具體實際相結合的偉大創造。這一個個時間節點，涵納了百年風雲變幻、壯志雄心，最終凝結成『從哪裏來』的密碼，標定出『往哪裏去』的航向。

一九二一年，上海望志路一百〇六號，浙江嘉興南湖紅船，中國共產黨第一次全國代表大會勝利召開，莊嚴宣告中國共產黨的誕生。大會通過的中國共產黨第一個綱領，明確了我黨的偉大旗幟和歷史使命。

一九四五年，延安楊家嶺，中國共產黨第七次全國代表大會通過了新的黨章，確定毛澤東思想爲全黨的指導思想，這是中國共產黨根據中國實際情況、獨立自主制定的第一部黨章，也是民主革命時期最好的一部黨章，是黨成熟的重要標志，是黨章發展史上的重要里程碑。

二〇一七年，北京，中國共產黨第十九次全國代表大會審議通過中國共產黨章程（修正案），將習近平新時代中國特色社會主義思想、實現中華民族偉大復興的中國夢寫入黨章，實現了黨的指導思想的又一次與時俱進。

二〇二二年，中國共產黨喜迎第二十次全國代表大會，并團結帶領中國人民踏上了實現第二個百年奮鬥目標新的趕考之路。

中國共產黨根據中國實際情况，獨立自主制定的第一部黨章，也是民主革命時期最好的一部黨章，是黨成熟的重要標誌，是黨章發展史上的重要里程碑。

二〇一七年，北京。中國共產黨第十九次全國代表大會審議通過中國共産黨章程（修正案），將習近平新時代中國特色社會主義思想、實現中華民族偉大復興的中國夢寫入黨章，實現了黨的指導思想的又一次與時俱進。

二〇二二年，中國共產黨喜迎第二十次全國代表大會，并團結帶領中國人民踏上了實現第二個百年奮鬥目標新的趕考之路。

一次次磨礪，鐮刀錘頭熠熠生輝。南湖上的紅色小船奮楫揚帆，早已駛過萬水千山。盛世夢圓，就用這些穿越時光、直抵人心的紅色經典，以及橫平竪直的筆畫中蘊含的匠心執念，致敬永恒偉大的科學真理，致敬中國共産黨二十大，致敬第二個百年奮鬥目標新征程。

大道之行，壯闊無垠；大道如砥，行者無疆。

共産黨宣言在中國的早期傳播與特點

共産黨宣言作爲中國共産黨的思想綱領，無疑是對中國百年社會影響巨大的書。近年來經專家研究統計，自一九二〇年八月在上海出版了陳望道全譯本共産黨宣言以來，各種中文譯本超過二十種，不同的版本已超過百種。百餘年來，共産黨宣言是我國印數最多的馬克思主義經典著作中文單行本，有『紅色中華第一書』之稱。因此，共産黨宣言的各種早期中文版本均是文獻價值和文物價值很高的革命文獻，其中陳望道的共産黨宣言首版中譯本尤爲珍貴，具有特殊的時代價值與紀念意義。

一、共産黨宣言的誕生

共産黨宣言是馬克思和恩格斯在一八四七年十二月受共産主義者同盟委托而起草的綱領性文獻。共産主義者同盟是國際共運史上第一個無産階級的政黨，一八四七年六月成立于英國倫敦，提出了『全世界無産者聯合起來』的口號。一八四八年一月，在比利時首都布魯塞爾，馬克思和恩格斯合作完成了共産黨宣言。一八四八年二月二十四日，由馬克思執筆的共産黨宣言在倫敦以德文第一次正式公開出版。這部出自英國倫敦瓦倫街一家普通印刷所的小

共產黨宣言在中國的早期傳播與特點

共產黨宣言作為中國共產黨的思想源頭，無疑是對中國百年社會影響巨大的書。近年來鑑事求研究精神。自一九二〇年八月在上海出版了陳望道全譯本共產黨宣言以來，各種中文譯本超過二十種，不同的版本已超過百種。百餘年來，共產黨宣言是我國印數最多的馬克思主義經典著作中文單行本，有「紅色中華第一書」之稱。因此，共產黨宣言的各種早期中文版本均是文獻價值和文物價值很高的革命文獻，其中陳望道的共產黨宣言首版中譯本尤為珍貴，具有特殊的時代價值與紀念意義。

一、共產黨宣言的誕生

共產黨宣言是馬克思和恩格斯在一八四七年十二月受共產主義者同盟委托而起草的綱領性文獻。共產主義者同盟是國際共運史上第一個無產階級的政黨，一八四七年六月成立于英國倫敦，提出了「全世界無產者聯合起來」的口號。一八四八年一月，在比利時首都布魯塞爾，馬克思和恩格斯合作完成了共產黨宣言。一八四八年二月二十四日，由馬克思執筆的共產黨宣言在倫敦以德文第一次正式公開出版。這部出自英國倫敦瓦倫街一家普通印刷所的小冊子，是馬克思主義誕生的重要標志。這本光輝的著作第一次全面系統地從唯物史觀的角度考察了人類社會的發展進程，闡述了科學社會主義理論，為全世界無產階級和勞動人民提供了強大的思想武器和精神動力，成為人類文明、社會發展的里程碑。

二、共產黨宣言傳播到中國

共產黨宣言問世之年，正值中國經歷戰爭，中國的先進知識分子意識到，自強求富強的變革應該從「制度」層面改造中國，而不能僅僅停留在介紹西方先進科學技術的「器物」層面上。共產黨宣言在此時進入了中國人的視野，漸漸為人所知。

在中國出版物上首次出現共產黨宣言內容的是上海廣學會主辦的萬國公報。一九〇三年上海廣益書局出版了趙必振翻譯的日本福井準造所著的近世社會主義一書。其中以較長篇幅介紹了馬克思學說，并簡要介紹了共產黨宣言、資本論等著作的寫作過程及主要內容。

在中國早期馬克思主義傳播過程中，流居日本的中國資產階級革命派成員和留學生作出了重要貢獻。梁啓超在戊戌變法失敗後流亡日本。當時的日本經過明治維新，大量翻譯出版了西方文化著作，是東亞最早傳播馬克思主義的國家。梁啓超在一九〇一年至一九〇三年間閱讀了馬克思、孟德斯鳩、盧梭、達爾文等人的著述後，撰寫了一系列文章向國人大力宣傳，成為中國首位在自己的著作中寫到馬克思的學者。梁啓超在中國之社會主義一文中稱册子，是馬克思主義誕生的重要標志。這本光輝的著作第一次全面系統地從唯物史觀的角度考察了人類社會的發展進程，闡述了科學社會主義理論，爲全世界無産階級和勞動人民提供了强大的思想武器和精神動力，成爲人類文明、社會發展的里程碑。

二、共産黨宣言傳播到中國

共産黨宣言問世之時，正值中國經歷鴉片戰争，中國的先進知識分子才認識到，自强求富的變革應該從『制度』層面改造中國，而不能僅僅停留在介紹西方先進科學技術的『器物』層面上。共産黨宣言在此時進入了中國人的視野，漸漸爲人所知。

在中國出版物上首次出現共産黨宣言内容的是上海廣學會主辦的萬國公報。一九〇三年，上海廣益書局出版了趙必振翻譯的日本福井準造所著的近世社會主義一書。其中以較長篇幅介紹了馬克思學説，并簡要介紹了共産黨宣言、資本論等著作的寫作過程及主要内容。

在中國早期馬克思主義傳播過程中，旅居日本的中國資産階級革命派成員和留學生作出了重要貢獻。梁啓超在戊戌變法失敗後流亡日本，當時的日本經過明治維新，大量翻譯出版了西方文化著作，是東亞最早傳播馬克思主義的國家。梁啓超在一九〇一年至一九〇二年間閲讀了馬克思、孟德斯鳩、盧梭、達爾文等人的著述後，撰寫了一系列文章向國人大力宣傳，成爲中國首位在自己的著作中寫到馬克思的學者。之後，梁啓超在中國之社會主義一文中簡要介紹了共産黨宣言的社會主義學説。

中國資産階級革命的先行者孫中山在流亡英國時，也曾讀過共産黨宣言，并研究歐洲的社會主義運動，對其三民主義思想的形成也産生了深遠的影響。

在晚清的中國留學潮中，日本的早期社會主義思潮對中國學生曾産生過重要影響。他們在日本接觸了馬克思主義理論後，在中文報刊上隨之進行了積極的宣傳。一九〇七年八月，由張繼、劉師培等人發起，在日本東京成立了中國第一個研究社會主義的團體『社會主義講習會』，這個留日學生團體的機關報是天義報，曾陸續刊登了馬克思、恩格斯著作的部分譯文。在一九〇七年至一九〇八年間，天義報上曾多次報道翻譯出版共産黨宣言之事。在天義報第十六至十九卷合刊上的顯要位置還刊載了共産黨宣言第一章的部分譯文和劉師培署名申叔的共産黨宣言序，這是中國人首次爲共産黨宣言所作的譯序。

辛亥革命時期，中國社會思想民主思潮在風雲激蕩中不斷高漲，社會主義學説日益受到了人們的關注，資産階級革命派利用出版物較積極地向中國人民介紹了馬克思學説。中華民國建立後，資産階級革命派的主要活動地點從國外移到了國內，上海獨特的環境優勢成了資産階級革命派的宣傳中心，爲五四時期馬克思主義的廣泛傳播打下了思想的社會基礎。這時期對共産黨宣言譯介的文獻主要是中國社會黨紹興支部在上海出版的新世界第二期上刊登的社會主義大家馬兒克之學説一文。此文對共産黨宣言作了概要介紹，并全譯共産黨宣言中的要介紹了共產黨宣言的社會主義學說。

中國資產階級革命的先行者孫中山在流亡英國時，也曾讀過共產黨宣言，并研究歐洲的社會主義運動，對其三民主義思想的形成也產生了深遠的影響。

在晚清的中國留學潮中，日本的早期社會主義思潮對中國留學生產生過重要影響。這在日本接觸了馬克思主義理論後，在中文報刊上闡述介紹馬克思的學說和宣傳。一九〇七年六月，由張繼、劉師培等人發起，在日本東京成立了中國第一個研究社會主義的團體「社會主義講習會」，這個留日學生團體的機關報是天義報。該報曾刊載馬克思、恩格斯的著作節譯文。在一九〇七年至一九〇八年間，天義報上曾多次刊載過由留日學生翻譯出版共產黨宣言之事。在天義報第十六至十九卷合刊上的重要位置刊載了共產黨宣言第一章的部分譯文和劉師培寫的中文的共產黨宣言序。這是中國人首次為共產黨宣言所作的譯序。

辛亥革命時期，中國社會思想界民主思想在風雲激蕩中不斷高漲，社會主義學說日益受到了人們的關注。資產階級革命派利用出版物載體將其政治主張向中國人民介紹了馬克思學說。中華民國建立後，資產階級革命派的主要活動地點從國外移到了國內。上海獨特的環境優勢成了資產階級革命派的宣傳中心，為五四時期馬克思主義的廣泛傳播打下了思想的社會基礎。這時期刊共產黨宣言譯介的文獻主要是中國社會黨紹興支部在上海出版的新世界第二期上刊登的社會主義大家馬克思之學說一文。此文對共產黨宣言作了扼要介紹，并全譯共產黨宣言中的十餘種綱領，稱共產黨宣言「不啻二十世紀社會革命之引導，大同太平新世界之原動力」。

一九一七年俄國十月革命勝利後，中國的早期馬克思主義信仰者更加積極地宣傳馬克思主義的理論與著作，共產黨宣言在中國的翻譯、研究與傳播進入了新階段。這年冬天，李大釗擔任北京大學圖書館主任，他在館中大量購藏了馬克思主義出版物，積極引進外文版的馬克思主義原著，熱情地向進步青年宣傳馬克思主義思想。一九一九年四月，在李大釗、陳獨秀主編的每周評論第十六號上發表了共產黨宣言第二章最後部分的幾段重要文字的譯文。其譯文與現行本十分接近。李大釗在新青年第五卷第五號和第六號上曾發表過一篇影響十分大的長文我的馬克思主義觀，文中摘譯了共產黨宣言中的重要段落，介紹了馬克思主義主要的理論和觀點，對馬克思主義理論的傳播發揮了重要作用。

三、共產黨宣言中文初版的問世

五四運動前後，新思想、新理論層出不窮，風起雲湧。隨著馬克思、恩格斯著作的不斷刊登，人們對馬克思主義的認識也逐漸深化。此時，這些譯文中的共產黨宣言的片斷文字和部分章節，已無法滿足人們的閱讀需求與理論需要。因此，陳獨秀認為盡快把共產黨宣言全文翻譯出版，以適應時代的召喚。

當時，擔任上海星期評論主編的戴季陶也曾計劃翻譯共產黨宣言，並在星期評論上連載。

十條綱領，稱贊共産黨宣言『不啻二十世紀社會革命之引導綫，大同太平新世界之原動力』。

一九一七年俄國十月革命勝利後，中國的早期馬克思主義信仰者更加積極地宣傳馬克思主義的理論與著作，共産黨宣言在中國的翻譯、研究與傳播進入了新階段。這年冬天，李大釗應聘擔任北京大學圖書館主任，他在館藏中大量擴充馬克思主義出版物，積極引進外文版的馬克思主義原著，熱情地向進步青年宣傳馬克思主義思想。一九一九年四月，在李大釗、陳獨秀主編的每周評論第十六號上發表了共産黨宣言第二章最後部分的幾段重要文字的譯文。其譯文與現行本十分接近。李大釗在新青年第五卷五號和六號上曾發表過一篇影響十分大的長文我的馬克思主義觀，文中摘譯了共産黨宣言中的重要段落，介紹了馬克思主義主要的理論和觀點，對馬克思主義理論的啓蒙發揮了重要作用。

三、共産黨宣言中文初版的問世

五四運動前後，新思想、新理論層出不窮，風起雲湧。隨着馬克思、恩格斯著作譯文的不斷刊登，人們對馬克思主義的認識也逐漸深化。此時，這些譯文中的共産黨宣言的片斷文字和部分章節，已無法滿足人們的閱讀需求與理論渴望。因此，陳獨秀認爲應盡快把共産黨宣言全文翻譯出版，以適應時代的召喚。

當時，擔任上海星期評論主編的戴季陶也曾計劃翻譯共産黨宣言，并在星期評論上連載。

民國日報主筆邵力子得知此事後，極力支持，向戴季陶舉薦了陳望道。于是，戴季陶向陳望道提供了共産黨宣言的日譯本，陳獨秀請李大釗從北京大學圖書館借出共産黨宣言的英譯本，一起供陳望道作爲翻譯的底本。

陳望道，原名參一，字任重。一八九一年一月十八日生于浙江義烏縣分水塘村一户農家。一九一五年赴日留學，先後在東京早稻田大學法科、東洋大學文科、中央大學法科學習，畢業于中央大學法科，獲法學士學位。一九一九年六月回國後，經教育潮主編沈仲九介紹，擔任浙江第一師範學校國文教師。在校期間積極倡導新文化，因『一師風潮』而被迫離開浙江第一師範學校。一九一九年冬，陳望道回到故鄉分水塘村，在偏僻的柴屋裏冒着嚴寒集中精力翻譯共産黨宣言。到一九二〇年四月，陳望道譯完了共産黨宣言，當時陳獨秀在滬正主編新青年雜志，編輯部祇有他一人獨當編務，于是就請陳望道前來協助參與雜志的編輯，與陳獨秀同住于環龍路。此時，共産國際東方局派俄國人維經斯基作爲代表來華，聯系中國的共産主義者，幫助建立中國共産黨。經李大釗介紹，維經斯基抵滬與陳獨秀見面，共商建黨之事。一九二〇年八月，成立了上海共産主義小組，共有八名成員，他們是陳獨秀、李漢俊、沈玄廬、陳望道、俞秀松、施存統（時在日本）、楊明齋、李達。因此，陳望道是中國共産黨最早的黨員之一。

陳獨秀在籌建中國共産黨時，深感馬克思主義著作的中譯本相當缺乏。因此，籌措經

費中的共產黨宣言節譯。并以上海社會主義研究社名義出版了陳望道翻譯的共產黨宣言。一九二〇年八月，初版的共產黨宣言首印一千册。此書三十二開，豎排，封面印有紅色的馬克思的像。此書一經發行，很快售罄。同年九月又印了第二版，改正了首印本封面錯印的書名共黨產宣言。書封上的馬克思像底色由紅色改成藍色。共產黨宣言在幾個月裏重印了十幾次。共產黨宣言出版一年不到，中國共產黨就誕生了。

陳望道譯的共產黨宣言中文首版出版，雖然沒有精美的裝幀，也沒有華麗的語言，但在歷史的洪流中，共產黨宣言中文版猶如一面光輝的旗幟指引了中國馬克思主義革命者，披荆斬棘，勇往直前，開創了中國社會的新天地。

四、共產黨宣言在中國的早期翻譯傳播特點

從共產黨宣言在中國的傳播歷史來看，其大體經歷了從片言隻語、部分章節翻譯到全文翻譯，從秘密出版到公開發行，從在少數知識分子中間傳播到在全國範圍內廣泛傳播的曲折過程，經歷了從一種社會思潮到一黨的理論基礎與國家意識形態的變化。

從共產黨宣言譯文出版者的主要地點是上海和日本東京。其出版地點和主體特點反映了翻譯人員主體的分布狀況和社會環境的相關因素。我們從中不僅可以證明上海是中國馬克思主義傳播的中心，而且也印證了共產黨宣言首版中譯本亦爲我國第一部完整的馬克費印刷共産黨宣言譯稿，并以上海社會主義研究社的名義出版了陳望道翻譯的共産黨宣言。一九二〇年八月，初版的共産黨宣言首印一千册。此書三十二開，封面以紅色印刷書名與馬克思肖像。此書一經發行，很快售罄。同年九月又印了第二版，改正了首印本封面錯印的書名共黨産宣言，書封上的書名和馬克思肖像也由紅色改爲藍色。之後，共産黨宣言在幾個月裏重印了十幾次。共産黨宣言出版一年不到，中國共産黨在滬誕生。

陳望道所譯的共産黨宣言中文初版出版時，雖然没有精美的裝幀，也没有採用優質紙張，但是在歷史的洪流中，共産黨宣言中文版猶如一面面光輝的旗幟指引了中國馬克思主義革命者，披荆斬棘，勇往直前，開創了中國社會的新天地。

四、共産黨宣言在中國的早期翻譯傳播特點

從共産黨宣言在中國的傳播歷史來看，這部偉大著作經歷了從片言隻語、部分章節翻譯到全文翻譯，從秘密出版到公開發行，從在少數知識分子中閱讀流傳到在全國範圍内廣泛傳播的曲折過程，經歷了從一種社會思潮到黨的理論基礎與國家意識形態的地位變化。

刊登共産黨宣言譯文出版物的主要地點是上海和日本東京，其出版物的地緣性特點正反映了譯介人員主體的分布狀況和社會環境的相關因素。我們從中不僅可以證明上海是中國馬克思主義傳播的中心，而且也正解釋了共産黨宣言首版中譯本作爲我國第一部完整的馬克思

著作問世于上海的原因。

中國共産黨的歷史上有兩個宣言在文本上是參照共産黨宣言擬定的，一個是一九二〇年十一月上海共産主義小組起草的中國共産黨宣言，另一個是一九二九年中國共産黨紅軍第四軍黨部擬定的共産黨宣言。

由于文獻流傳、保存以及種種歷史和政治的原因，首版中譯本共産黨宣言流傳極少，非常珍貴，目前已知的共産黨宣言首版中譯本在全國祇有十二本，分别珍藏于北京的中國國家博物館、中國國家圖書館、北京市文物局，上海的上海圖書館、上海黨的一大會址紀念館、上海魯迅紀念館、上海檔案館和二〇二〇年發現于上海社會科學院圖書館的陳望道簽贈王雲五的藏本，還有延安革命紀念館、浙江上虞市檔案館、温州圖書館、山東東營市歷史博物館。本次仿真影印出版的共産黨宣言即據國家圖書館所藏的陳望道譯本第一版、第二版印制。

雖然本次同時影印出版的共産黨宣言第二版印刷本的正文部分與首版印刷本相同，但圖書封面和版權頁不相同的信息正是還原共産黨宣言首版歷史過程的重要證明，具有特殊歷史文獻價值，有助于人們完整地認識陳望道共産黨宣言譯本的出版狀况。

因此，在迎接中國共産黨『二十大』召開之際，回顧中國革命的鬥争和中華民族百年奮鬥史，回溯馬克思主義在中國早期的傳播史，我們重新影印出版這部紅色經典，更具有特殊的紀念意義。

黄顯功

著作問世于上海的原因。

中國共產黨的歷史上有兩個宣言全文本已經失傳，一個是一九二〇年十一月上海共產主義小組起草的中國共產黨宣言，另一個是一九二九年中國共產黨紅軍第四軍黨部擬定的共產黨宣言。

由于文獻流傳、保存以及種種歷史和政治的原因，首版中譯本共產黨宣言流傳極少，非常珍貴。目前已知的共產黨宣言首版中譯本在全國藏有十二本，分別收藏于北京的中國國家博物館、中國國家圖書館、北京大學圖書館、上海圖書館、上海黨的一大會址紀念館、上海魯迅紀念館、上海檔案館在二〇二〇年發現于上海社會科學院圖書館陳望道舊藏五的藏本，還有延安革命紀念館、浙江上虞市檔案館、溫州圖書館、山東東營市廣饒縣博物館。

本次仿真影印出版的共產黨宣言即據國家圖書館所藏的陳望道譯本第一版、第二版印制。

雖然本次同步影印出版的共產黨宣言第二版印刷本的正文部分與首版印刷本相同，但圖書封面和版權頁不盡相同的信息也是瞭解原共產黨宣言首版歷史演變的重要證明，具有特殊歷史文獻價值，有助于人們認識該版共產黨宣言譯本的出版狀況。

因此，在慶祝中國共產黨「二十大」召開之際，回顧中國革命的鬥爭史、中華民族百年奮鬥史，回溯馬克思主義在中國早期的傳播史，對重新影印出版這部經典，更具有特殊的紀念意義。

編者

参考文献

一、林代昭、潘國華編，馬克思主義在中國——從影響的傳入到傳播，清華大學出版社一九八三年版。

二、高軍等主編，五四運動前馬克思主義在中國的介紹與傳播，湖南人民出版社一九八六年版。

三、周子東等著，馬克思主義在上海的傳播（一八九八—一九四九），上海社會科學院出版社一九九四年版。